Impressum
Verlag: BABADADA GmbH, Nedderfeld 112 , 22529 Hamburg
Geschäftsführer / Verlagsleitung: Harald Hof
Druck: Books on Demand GmbH, In de Tarpen 42, 22848 Norderstedt

Imprint
Publisher: BABADADA GmbH, Nedderfeld 112 , 22529 Hamburg, Germany
Managing Director / Publishing direction: Harald Hof
Print: Books on Demand GmbH, In de Tarpen 42, 22848 Norderstedt, Germany

skola
kool

klassrum
klassiruum

dividera
jagama

186/2

tavla
tahvel

skolgård
koolihoov

lärare
õpetaja

papper
paber

skriva
kirjutama

penna
pastapliiats

skrivbord
kirjutuslaud

linjal
joonlaud

bok
raamat

elev
õpilane

skolväska

koolikott

pennfodral

pinal

blyertspenna

harilik pliiats

pennvässare

pliiatsiteritaja

suddgummi

kustukumm

ritblock

joonistusplokk

teckning
joonistus

pensel
pintsel

målarlåda
värvikarp

sax
käärid

lim
liim

övningsbok
töövihik

hemläxa
kodutöö

tal
number

addera
liitma

subtrahera
lahutama

multiplicera
korrutama

räkna
arvutama

bokstav
täht

ABCDEFG
HIJKLMN
OPQRSTU
VWXYZ

alfabet
tähestik

ord
sõna

text

tekst

läsa

lugema

krita

kriit

lektion

koolitund

register

klassipäevik

prov

eksam

intyg

tunnistus

skoluniform

koolivorm

utbildning

haridus

uppslagsverk

entsüklopeedia

universitet

ülikool

mikroskop

mikroskoop

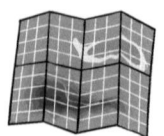

karta

kaart

papperskorg

paberikorv

resa

reisimine

hotell
hotell
Grand
vandrarhem
hostel
ROOMS
växelkontor
valuutavahetuspunkt
resväska
kohver
bil
auto

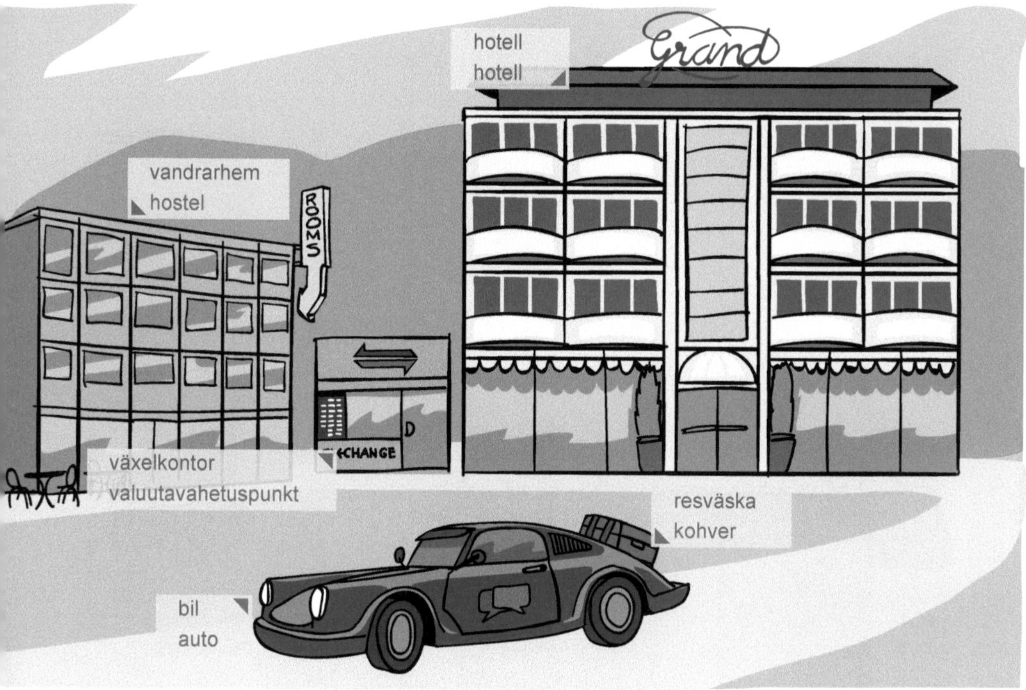

språk

keel

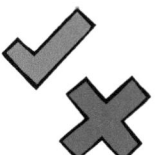

ja / nej

jah / ei

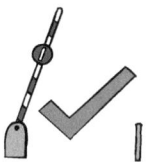

Okay

okei

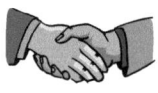

hej

Tere!

översättare

tõlk

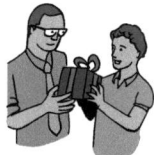

Tack

Aitäh!

hur mycket kostar…?

Kui palju maksab …?

jag förstår inte

Ma ei saa aru

problem

probleem

God kväll!

Tere õhtust!

God morgon!

Tere hommikust!

God natt!

Head ööd!

hejdå

Head aega!

riktning

suund

bagage

pagas

väska

kott

ryggsäck

seljakott

gäst

külaline

rum

tuba

sovsäck

magamiskott

tält

telk

turistinformation
turismiinfo

strand
rand

kreditkort
krediitkaart

frukost
hommikusöök

lunch
lõunasöök

middag
õhtusöök

biljett
pilet

hiss
lift

frimärke
postmark

gräns
riigipiir

tull
toll

ambassad
saatkond

visum
viisa

pass
pass

transport
transport

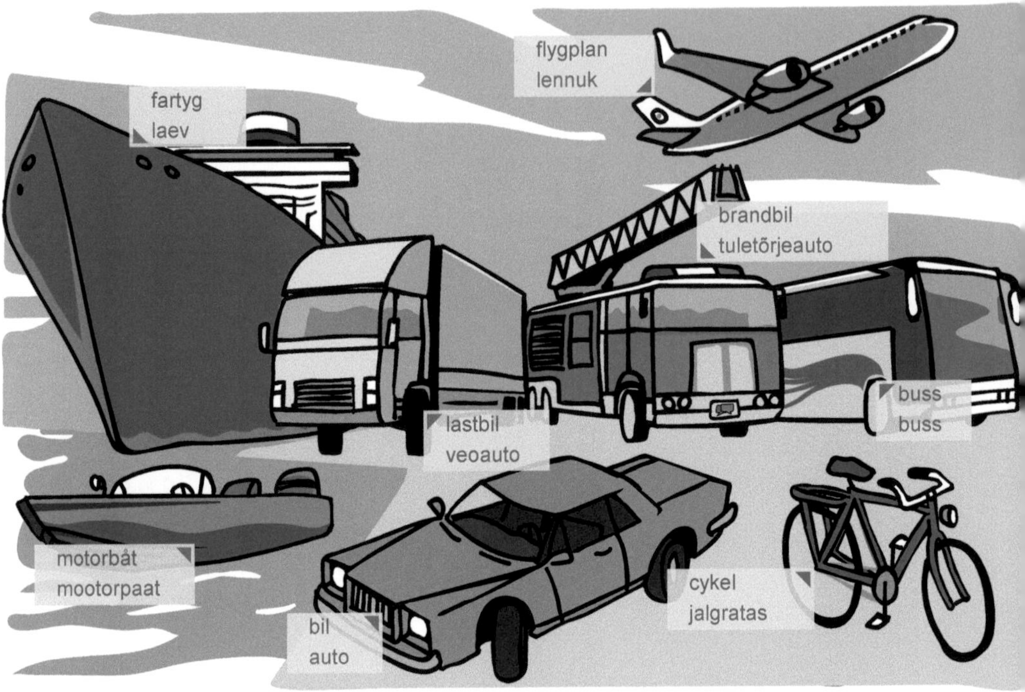
flygplan
lennuk
fartyg
laev
brandbil
tuletõrjeauto
lastbil
veoauto
buss
buss
motorbåt
mootorpaat
cykel
jalgratas
bil
auto

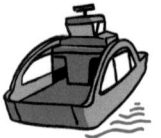

färja

praam

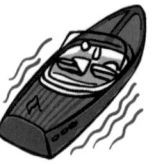

båt

paat

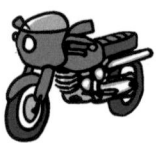

motorcykel

mootorratas

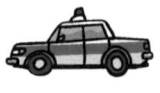

polisbil

politseiauto

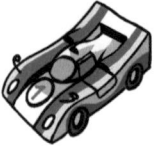

racerbil

võidusõiduauto

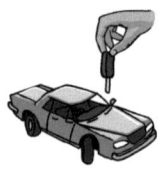

hyrbil

rendiauto

bilpool

ühisauto

bärgningsbil

puksiirauto

sopbil

prügiauto

motor

mootor

bränsle

kütus

bensinstation

tankla

vägmärke

liiklusmärk

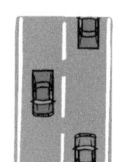

trafik

liiklus

bilkö

liiklusummik

parkeringsplats

parkla

tågstation

raudteejaam

räls

rööpad

tåg

rong

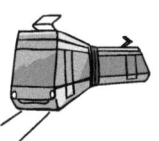

spårvagn

tramm

vagn

vagun

helikopter
helikopter

flygplats
lennujaam

torn
torn

passagerare
reisija

container
konteiner

kartong
pappkast

vagn
käru

korg
korv

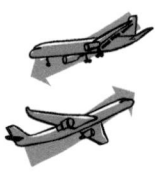

starta / landa
õhku tõusma / maanduma

stad
linn

by
küla

centrum
kesklinn

hus
maja

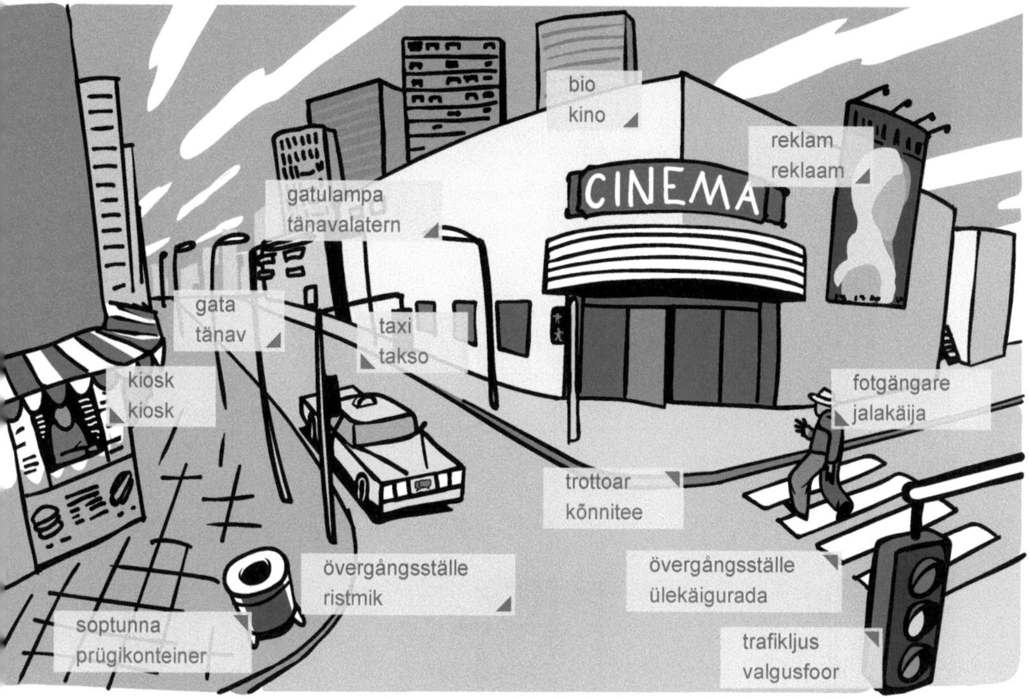

bio
kino

reklam
reklaam

gatulampa
tänavalatern

CINEMA

gata
tänav

taxi
takso

fotgängare
jalakäija

kiosk
kiosk

trottoar
kõnnitee

övergångsställe
ristmik

övergångsställe
ülekäigurada

soptunna
prügikonteiner

trafikljus
valgusfoor

stuga
osmik

lägenhet
kortermaja

tågstation
raudteejaam

stadshus
raekoda

museum
muuseum

skola
kool

universitet

ülikool

bank

pank

sjukhus

haigla

hotell

hotell

apotek

apteek

kontor

kontor

bokhandel

raamatupood

affär

kauplus

blomsterbutik

lillepood

stormarknad

supermarket

marknad

turg

varuhus

kaubamaja

fiskhandlare

kalapood

köpcentrum

kaubanduskeskus

hamn

sadam

park
park

bänk
pink

brygga
sild

trappa
trepp

tunnelbana
metroo

tunnel
tunnel

busshållplats
bussipeatus

bar
baar

restaurang
restoran

brevlåda
postkast

gatuskylt
tänavasilt

parkeringsautomat
parkimisautomaat

zoo
loomaaed

simbassäng
ujula

moské
mošee

bondgård
talu

förorening
reostus

kyrkogård
surnuaed

kyrka
kirik

lekplats
mänguväljak

tempel
tempel

landskap
maastik

löv
leht

vägskylt
teeviit

väg
tee

äng
aas

sten
kivi

träd
puu

liftare
matkaja

flod
jõgi

gräs
rohi

blomma
lill

dal
....
org

kulle
....
mägi

sjö
....
järv

skog
....
mets

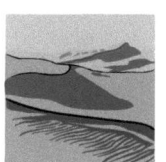

öken
....
kõrb

vulkan
....
vulkaan

slott
....
linnus

regnbåge
....
vikerkaar

svamp
....
seen

palm
....
palm

mygga
....
sääsk

fluga
....
kärbes

myra
....
sipelgas

bi
....
mesilane

spindel
....
ämblik

landskap - maastik

skalbagge

mardikas

groda

konn

ekorre

orav

igelkott

siil

hare

jänes

uggla

öökull

fågel

lind

svan

luik

vildsvin

metssiga

rådjur

hirv

älg

põder

damm

pais

vindkraftverk

tuuleturbiin

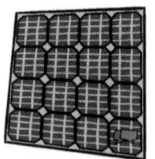

solcellspanel

päikesepaneel

klimat

kliima

restaurang
restoran

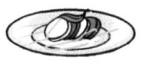

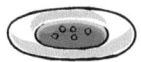

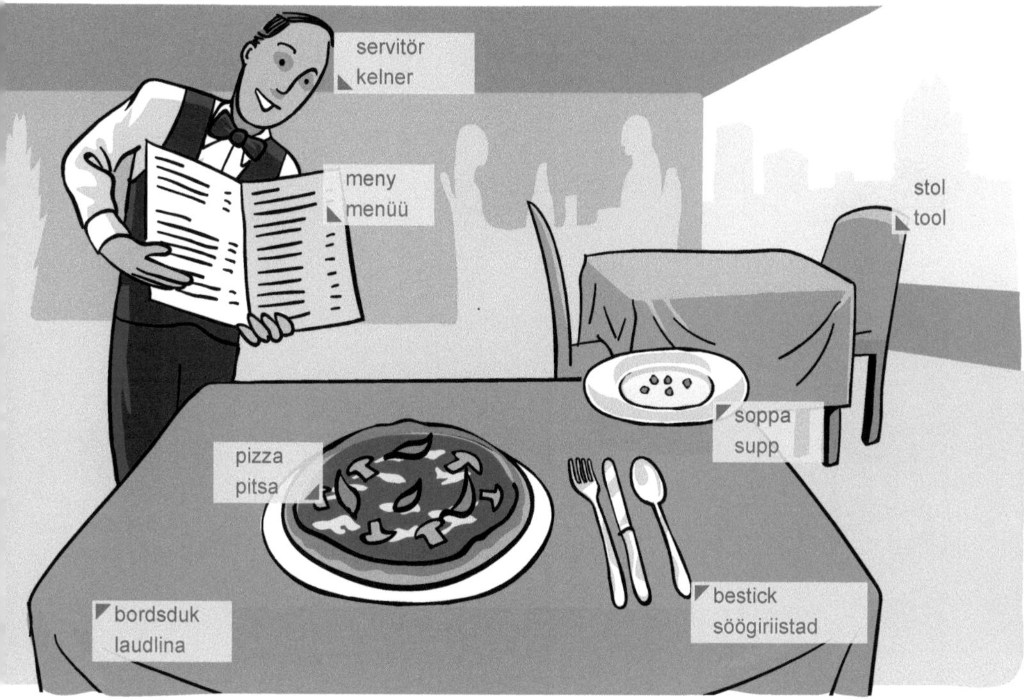
servitör
kelner
meny
menüü
stol
tool
soppa
supp
pizza
pitsa
bordsduk
laudlina
bestick
söögiriistad

förrätt
eelroog

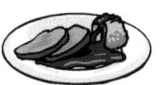

huvudrätt
pearoog

dessert
magustoit

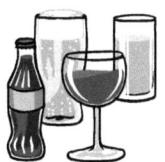

drycker
joogid

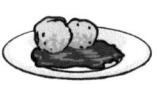

mat
toit

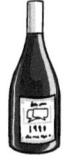

flaska
pudel

snabbmat

kiirtoit

street food

tänavatoit

tekanna

teekann

sockerskål

suhkrutoos

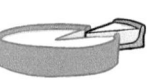

portion

portsjon

espressomaskin

espressomasin

barnstol

lastetool

räkning

arve

bricka

kandik

kniv

nuga

gaffel

kahvel

sked

lusikas

tesked

teelusikas

servett

salvrätik

glas

klaas

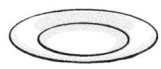

tallrik

taldrik

sopptallrik

supitaldrik

tefat

alustass

sås

kaste

saltkar

soolatoos

pepparkvarn

pipraveski

vinäger

äädikas

olja

õli

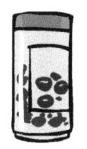

kryddor

vürtsid

ketchup

ketšup

senap

sinep

majonnäs

majonees

stormarknad
supermarket

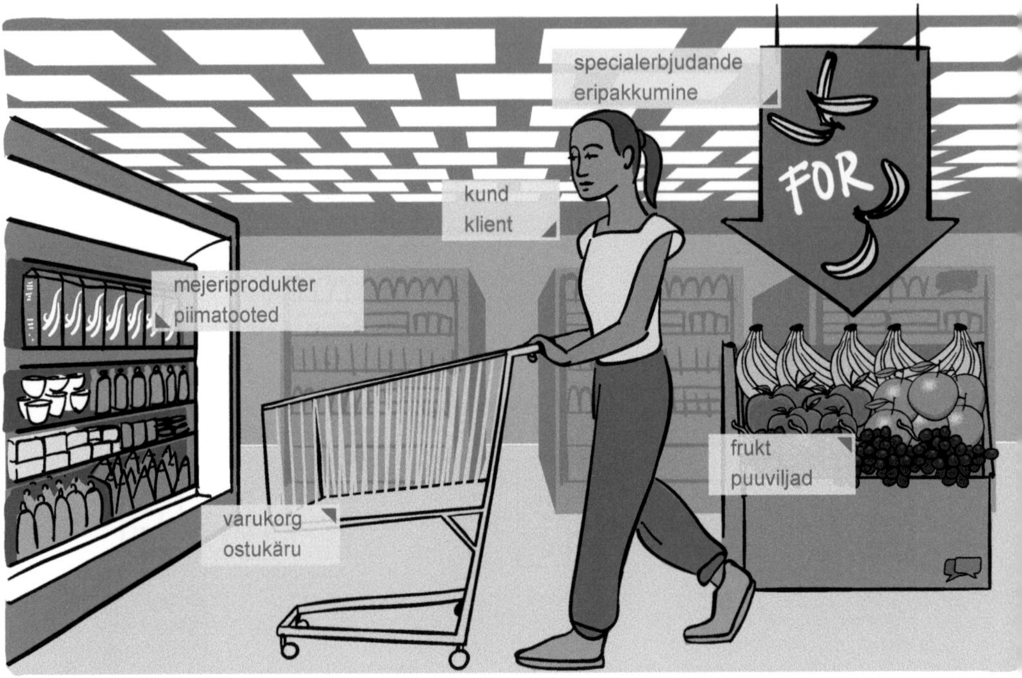

specialerbjudande
eripakkumine
FOR
kund
klient
mejeriprodukter
piimatooted
frukt
puuviljad
varukorg
ostukäru

BUTCHERS

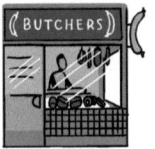

charkuteri

lihapood

BAKERY

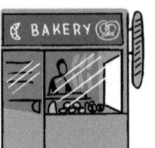

bageri

pagariäri

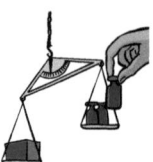

väga

kaaluma

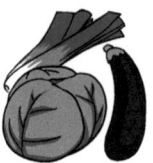

grönsaker

köögiviljad

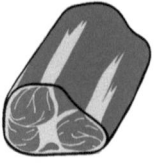

kött

liha

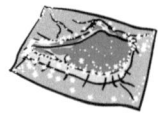

frysta livsmedel

külmutatud toit

pålägg

lihalõigud

konserver

konservid

tvättmedel

pesupulber

godis

maiustused

hushållsprodukter

majatarbed

rengöringsmedel

puhastustooted

försäljare

müüja

kassa

kassaaparaat

kassör

kassapidaja

inköpslista

ostunimekiri

öppettider

lahtiolekuajad

plånbok

rahakott

kreditkort

krediitkaart

väska

kott

plastpåse

kilekott

vatten

vesi

juice

mahl

mjölk

piim

cola

koola

vin

vein

öl

õlu

alkohol

alkohol

kakao

kakao

te

tee

kaffe

kohv

espresso

espresso

cappuccino

cappuccino

banan

banaan

äpple

õun

apelsin

apelsin

melon

arbuus

citron

sidrun

morot

porgand

vitlök

küüslauk

bambu

bambus

lök

sibul

svamp

seen

nötter

pähklid

nudlar

nuudlid

spaghetti

spagetid

ris

riis

sallad

salat

pommes frites

friikartulid

stekt potatis

praekartulid

pizza

pitsa

hamburgare

hamburger

smörgås

võileib

schnitzel

šnitsel

skinka

sink

salami

salaami

korv

vorst

kyckling

kana

stek

praeliha

fisk

kala

havregryn

kaerahelbed

müsli

müsli

cornflakes

maisihelbed

mjöl

jahu

croissant

sarvesai

fralla

kukkel

bröd

leib

rostat bröd

röstsai

kex

küpsised

smör

või

kvarg

kohupiim

kaka

kook

ägg

muna

stekt ägg

praemuna

ost

juust

mat - toit

glass

jäätis

socker

suhkur

honung

mesi

sylt

moos

nougatkräm

pähklivõie

curry

karri

bondgård
talu

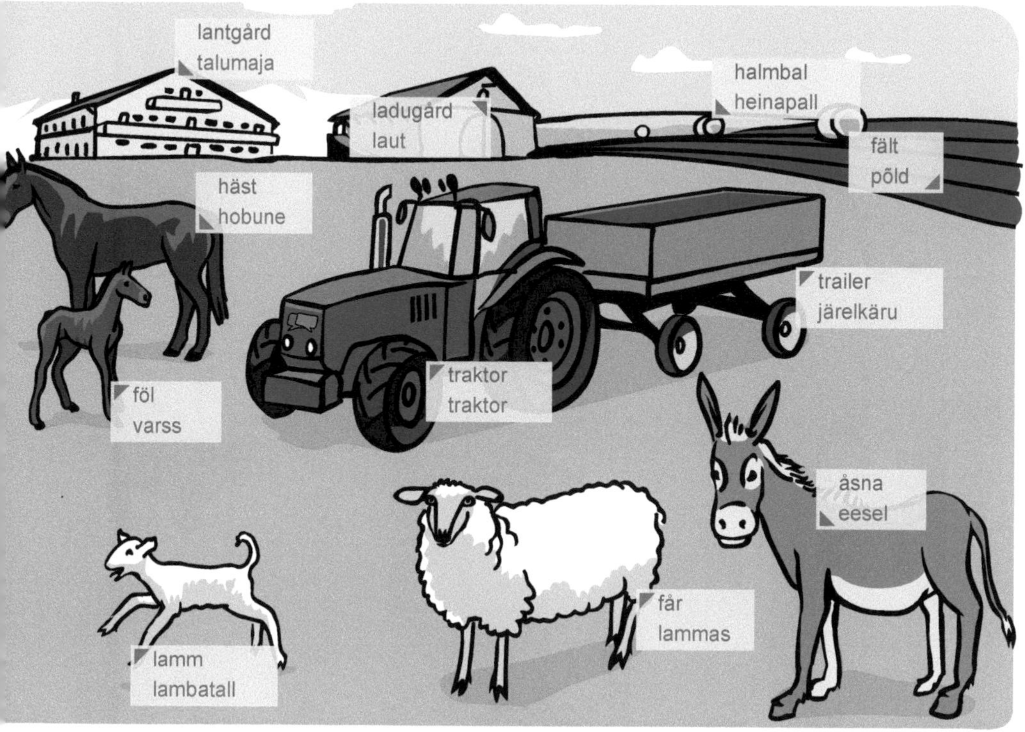

lantgård
talumaja
ladugård
laut
halmbal
heinapall
fält
põld
häst
hobune
trailer
järelkäru
traktor
traktor
föl
varss
åsna
eesel
får
lammas
lamm
lambatall

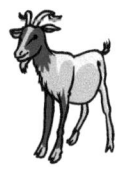

get

kits

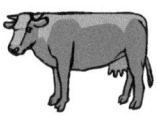

ko

lehm

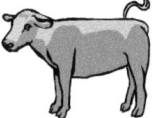

kalv

vasikas

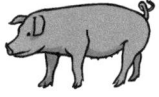

gris

siga

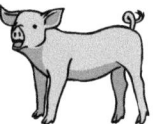

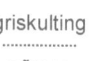

griskulting

põrsas

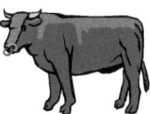

tjur

pull

gås
hani

anka
part

kyckling
tibu

höna
kana

tupp
kukk

råtta
rott

katt
kass

mus
hiir

oxe
härg

hund
koer

hundkoja
koerakuut

trädgårdsslang
aiavoolik

vattenkanna
kastekann

lie
vikat

plog
ader

skära
sirp

hacka
kõblas

högaffel
hang

yxa
kirves

skottkärra
käru

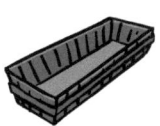

tråg
küna

mjölkflaska
piimanõu

säck
kott

staket
tara

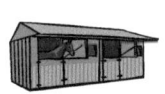

stall
tall

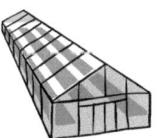

växthus
kasvuhoone

jord
muld

säd
seeme

gödsel
väetis

skördetröska
kombain

skörda
saaki koristama

skörd
saagikoristus

jams
jamss

vete
nisu

soja
soja

potatis
kartul

majs
mais

raps
raps

fruktträd
viljapuu

maniok
maniokk

spannmål
teravili

hus
maja

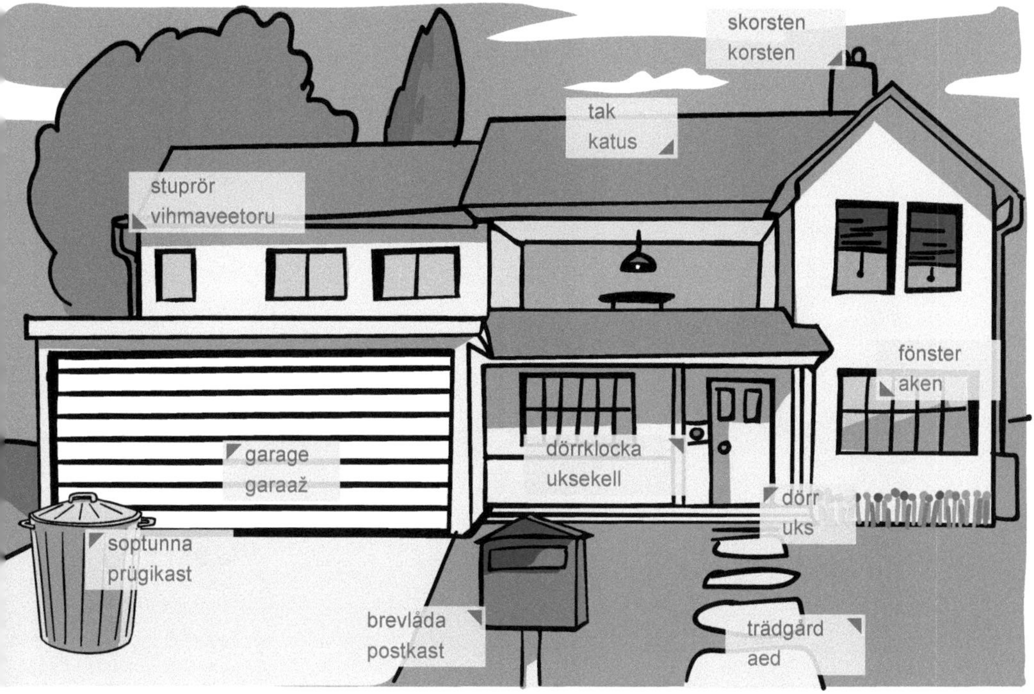
skorsten
korsten
tak
katus
stuprör
vihmaveetoru
fönster
aken
garage
garaaž
dörrklocka
uksekell
dörr
uks
soptunna
prügikast
brevlåda
postkast
trädgård
aed

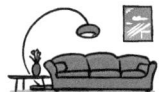

vardagsrum

elutuba

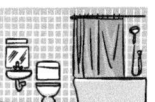

badrum

vannituba

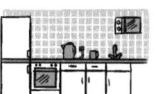

kök

köök

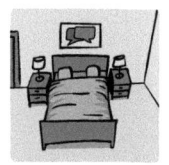

sovrum

magamistuba

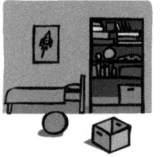

barnrum

lastetuba

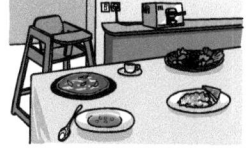

matsal

söögituba

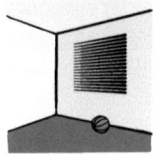

golv
põrand

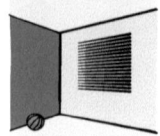

vägg
sein

tak
lagi

källare
kelder

bastu
saun

balkong
rõdu

terrass
terrass

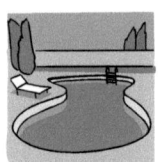

bassäng
bassein

gräsklippare
muruniiduk

lakan
voodilina

överkast
päevatekk

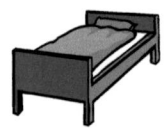

säng
voodi

kvast
luud

hink
ämber

strömbrytare
lüliti

vardagsrum
elutuba

tapet
tapeet
bild
pilt
lampa
lamp
hylla
riiul
skåp
kapp
TV
televiisor
eldstad
kamin
blomma
lill
kudde
padi
soffa
diivan
vas
vaas
fjärrkontroll
kaugjuhtimispult

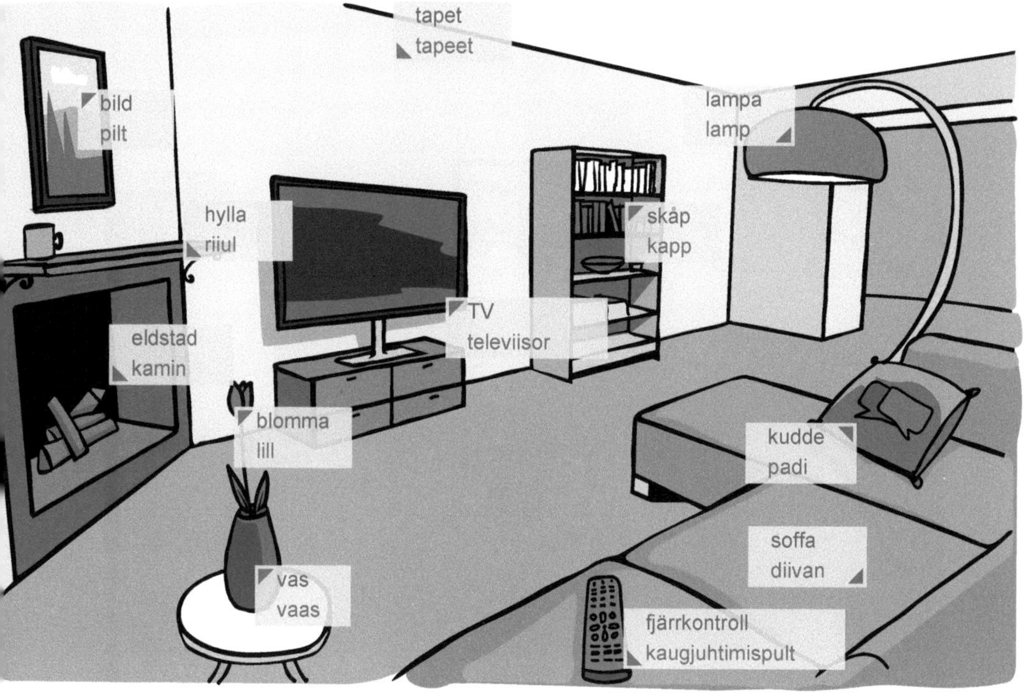

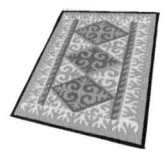

matta

vaip

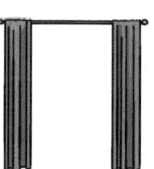

gardin

kardin

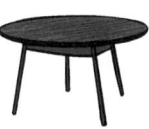

bord

laud

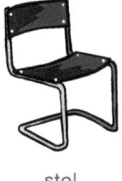

stol

tool

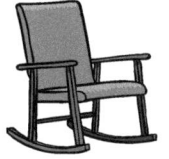

gungstol

kiiktool

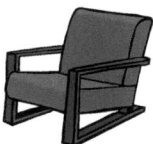

fåtölj

tugitool

bok

raamat

filt

tekk

dekoration

kaunistus

vedträ

küttepuud

film

film

stereoanläggning

helisüsteem

nyckel

võti

dagstidning

ajaleht

målning

maal

poster

plakat

radio

raadio

anteckningsbok

märkmik

dammsugare

tolmuimeja

kaktus

kaktus

stearinljus

küünal

kök
köök

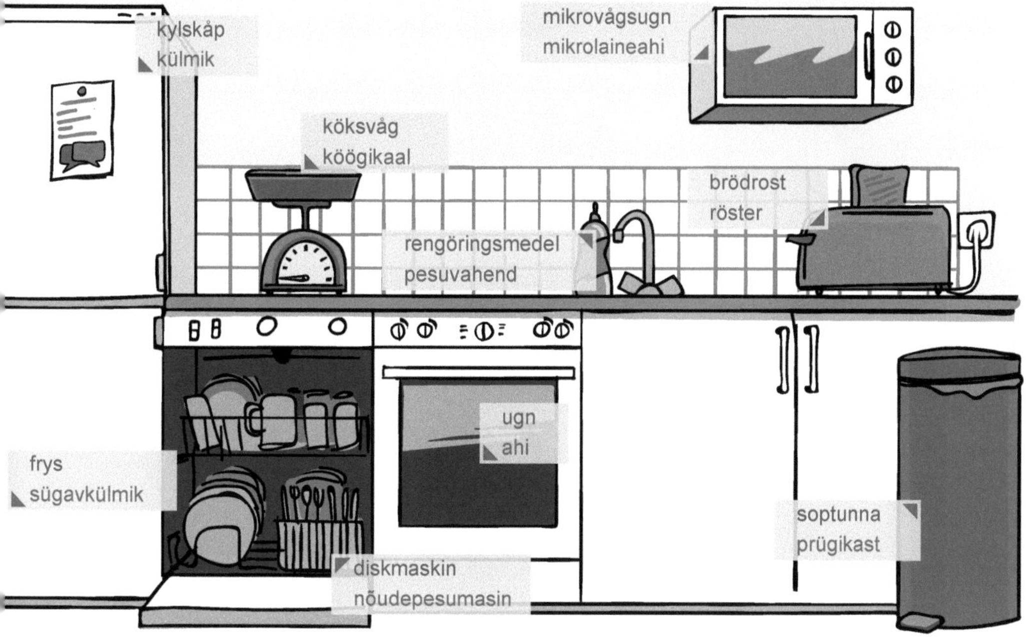

kylskåp
külmik
mikrovågsugn
mikrolaineahi
köksvåg
köögikaal
brödrost
röster
rengöringsmedel
pesuvahend
ugn
ahi
frys
sügavkülmik
soptunna
prügikast
diskmaskin
nõudepesumasin

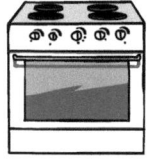

spis

pliit

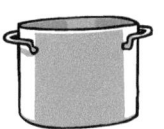

kastrull

pott

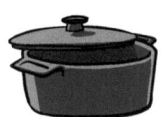

järngryta

malmpott

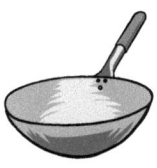

wok / kadai

vokkpann

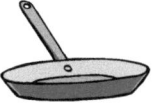

stekpanna

pann

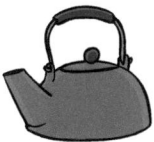

vattenkokare

veekeetja

ångkokare

aurutaja

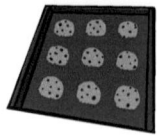

bakplåt

küpsetusplaat

porslin

lauanõud

mugg

kruus

skål

kauss

ätpinnar

söögipulgad

soppslev

kulp

stekspade

pannilabidas

visp

vispel

durkslag

kurn

sil

sõel

rivjärn

riiv

mortel

uhmer

grill

grill

brasa

lahtine tuli

skärbräda

lõikelaud

kavel

tainarull

korkskruv

korgitser

burk

konservipurk

burköppnare

konserviavaja

grytlapp

pajakinnas

vask

kraanikauss

borste

hari

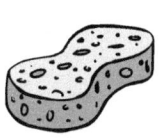

svamp

pesukäsn

mixer

kannmikser

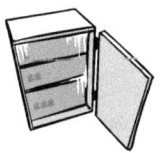

frys

sügavkülmuti

nappflaska

lutipudel

kran

segisti

badrum

vannituba

värme
küte
dusch
dušš
handduk
käterätik
duschdraperi
dušikardin
bubbelbad
mullivann
badkar
vann
glas
klaas
tvättmaskin
pesumasin
kran
segisti
kakel
plaadid
potta
pissipott
vask
kraanikauss

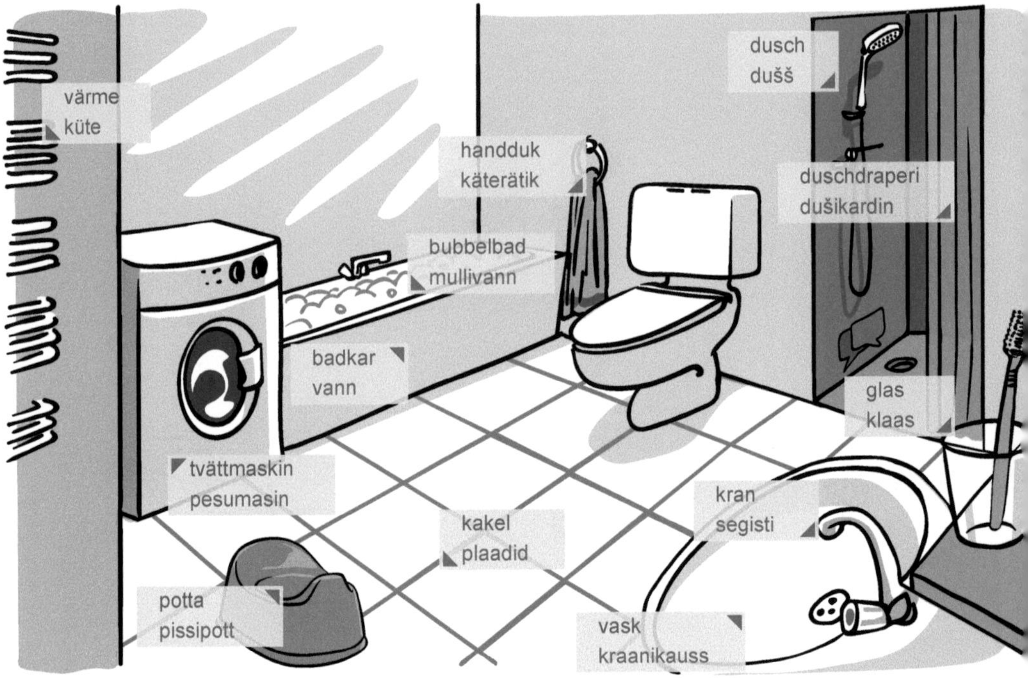

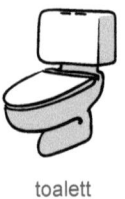

toalett

WC-pott

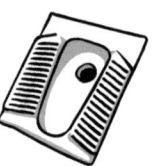

låg toalett

kükitamistualett

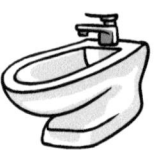

bidet

bidee

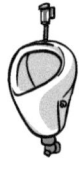

pissoar

pissuaar

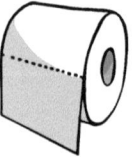

toalettpapper

tualettpaber

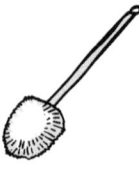

toalettborste

WC-hari

tandborste

hambahari

tandkräm

hambapasta

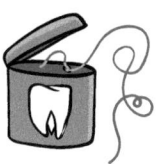

tandtråd

hambaniit

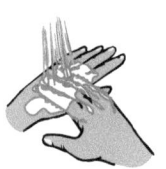

tvätta

pesema

handdusch

käsidušš

intimdusch

intiimdušš

handfat

pesukauss

ryggborste

seljahari

tvål

seep

duschgel

dušigeel

schampo

šampoon

trasa

vamm

avlopp

äravool

crème

kreem

deodorant

deodorant

spegel
peegel

handspegel
käsipeegel

rakhyvel
habemenuga

raklödder
raseerimisvaht

rakvatten
habemevesi

kam
kamm

borste
hari

hårtork
föön

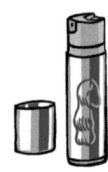
hårspray
juukselakk

smink
meigikomplekt

läppstift
huulepulk

nagellack
küünelakk

bomullsvadd
vatt

nagelsax
küünekäärid

parfym
parfüüm

necessär

tualett-tarvete kott

pall

taburet

våg

kaal

badrock

hommikumantel

gummihandskar

kummikindad

tampong

tampoon

binda

hügieeniside

kemisk toalett

keemiline tualett

barnrum

lastetuba

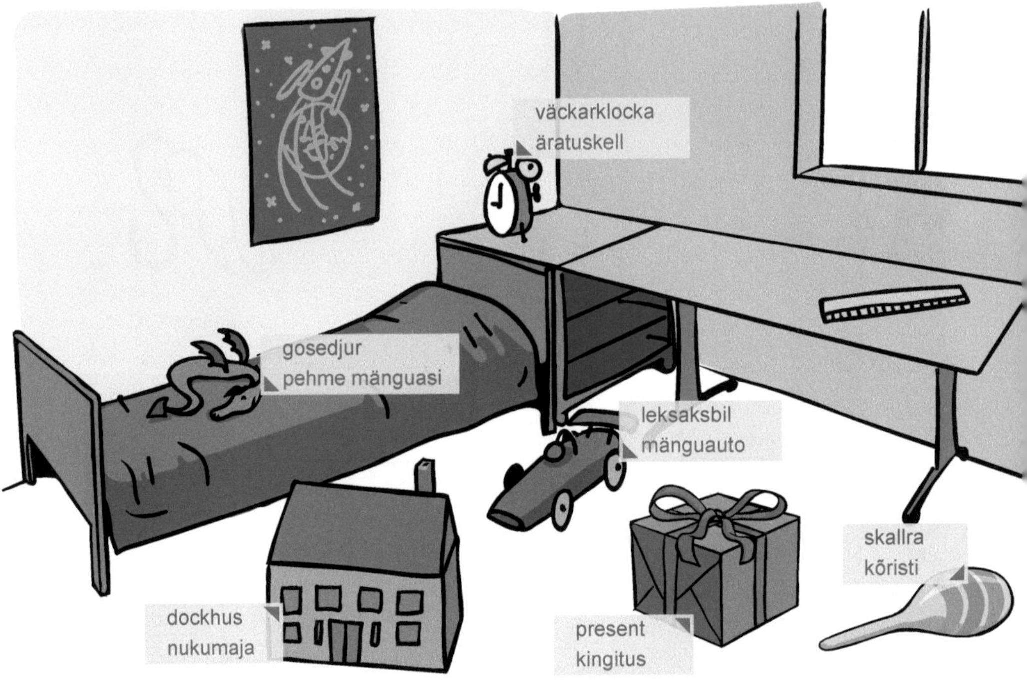
väckarklocka
äratuskell
gosedjur
pehme mänguasi
leksaksbil
mänguauto
skallra
kõristi
dockhus
nukumaja
present
kingitus

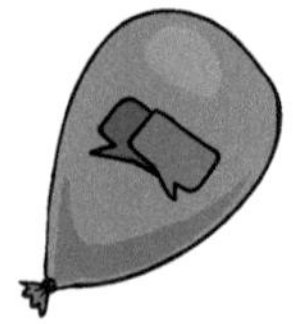

ballong
õhupall

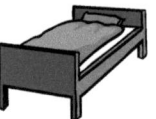

säng
voodi

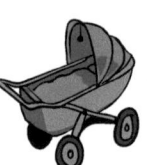

barnvagn
lapsevanker

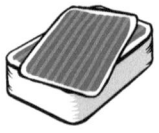

kortlek
kaardipakk

pussel
pusle

SUPER MEGA

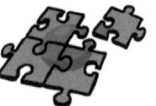

serietidning
koomiks

legobitar

Lego klotsid

klossar

klotsid

actionfigur

kujuke

sparkdräkt

siputuspüksid

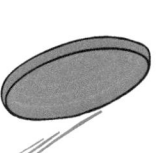

frisbee

lendav taldrik

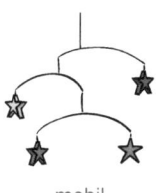

mobil

voodikarussell

brädspel

lauamäng

tärning

täringud

modelljärnväg

mudelrong

napp

lutt

party

pidu

bilderbok

pildiraamat

boll

pall

docka

nukk

spela

mängima

sandlåda
liivakast

gunga
kiik

leksaker
mänguasjad

spelkonsol
mängukonsool

trehjuling
kolmerattaline jalgratas

nalle
mängukaru

garderob
riidekapp

kläder

riietus

sockar
sokid

strumpor
sukad

tights
sukkpüksid

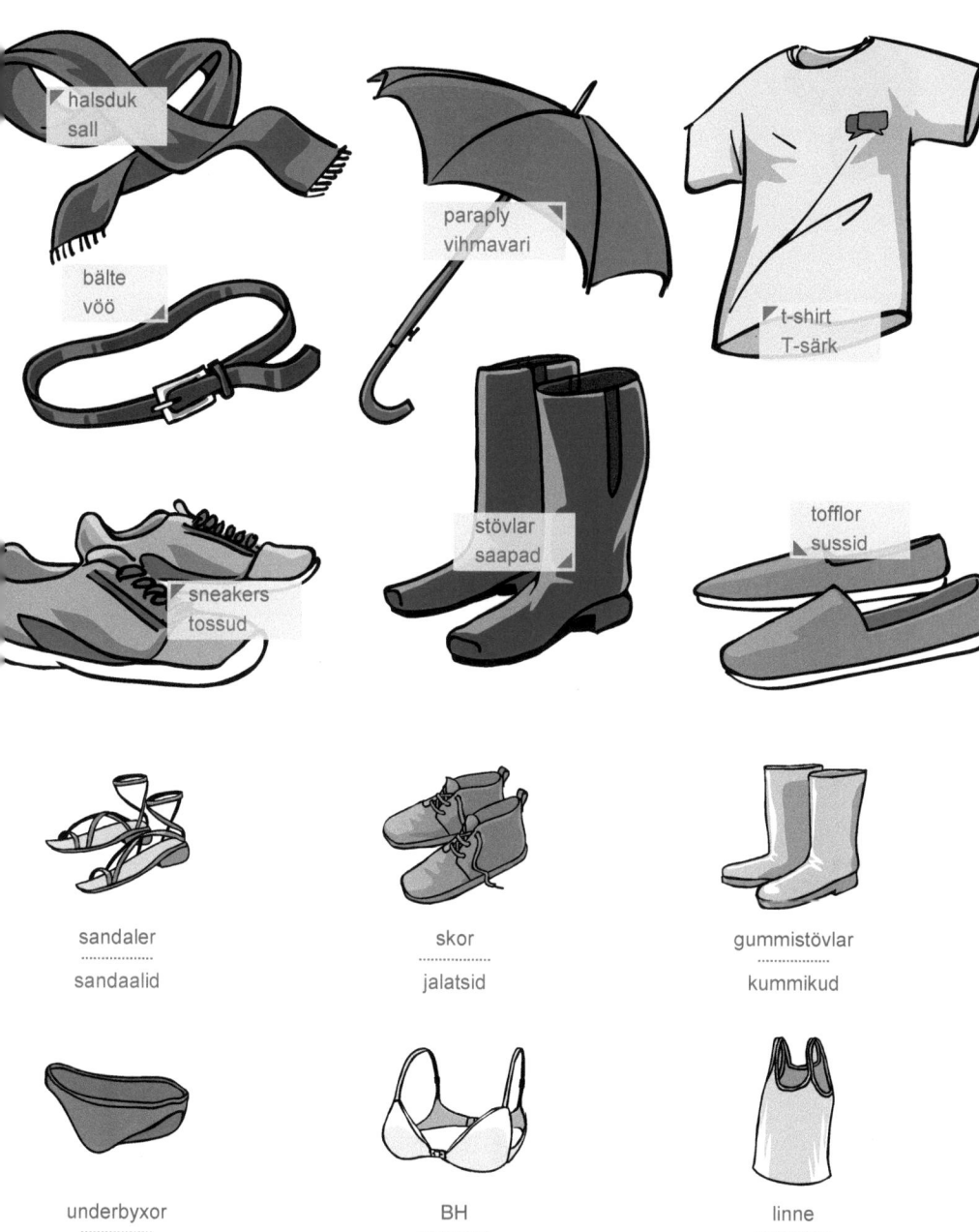

halsduk
sall

paraply
vihmavari

bälte
vöö

t-shirt
T-särk

stövlar
saapad

tofflor
sussid

sneakers
tossud

sandaler
sandaalid

skor
jalatsid

gummistövlar
kummikud

underbyxor
aluspüksid

BH
rinnahoidja

linne
vest

body
bodi

byxor
püksid

jeans
teksapüksid

kjol
seelik

blus
pluus

skjorta
särk

pullover
sviiter

sweater
dressipluus

blazer
bleiser

jacka
jakk

kappa
mantel

regnjacka
vihmamantel

dräkt
kostüüm

klänning
kleit

bröllopsklänning
pulmakleit

kostym
ülikond

nattlinne
öösärk

pyjamas
pidžaama

sari
sari

slöja
pearätt

turban
turban

burka
burka

kaftan
kaftan

abaya
abayah

baddräkt
ujumistrikoo

badbyxor
ujumispüksid

shorts
lühikesed püksid

träningsoverall
dressid

förkläde
põll

handskar
kindad

knapp

nööp

glasögon

prillid

armband

käevõru

halsband

kaelakee

ring

sõrmus

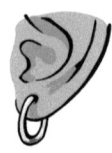

örhänge

kõrvarõngas

mössa

nokamüts

galge

riidepuu

hatt

kaabu

slips

lips

dragkedja

tõmblukk

hjälm

kiiver

hängslen

traksid

skoluniform

koolivorm

uniform

vormirõivad

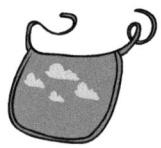

haklapp

pudipõll

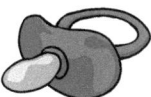

napp

lutt

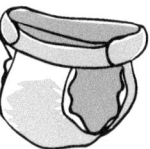

blöja

mähe

kontor

kontor

server
server
dokumentskåp
arhiivikapp
papper
paber
skrivare
printer
bildskärm
monitor
skrivbord
kirjutuslaud
mus
hiir
mapp
kaust
tangentbord
klaviatuur
papperskorg
paberikorv
dator
arvuti
stol
tool

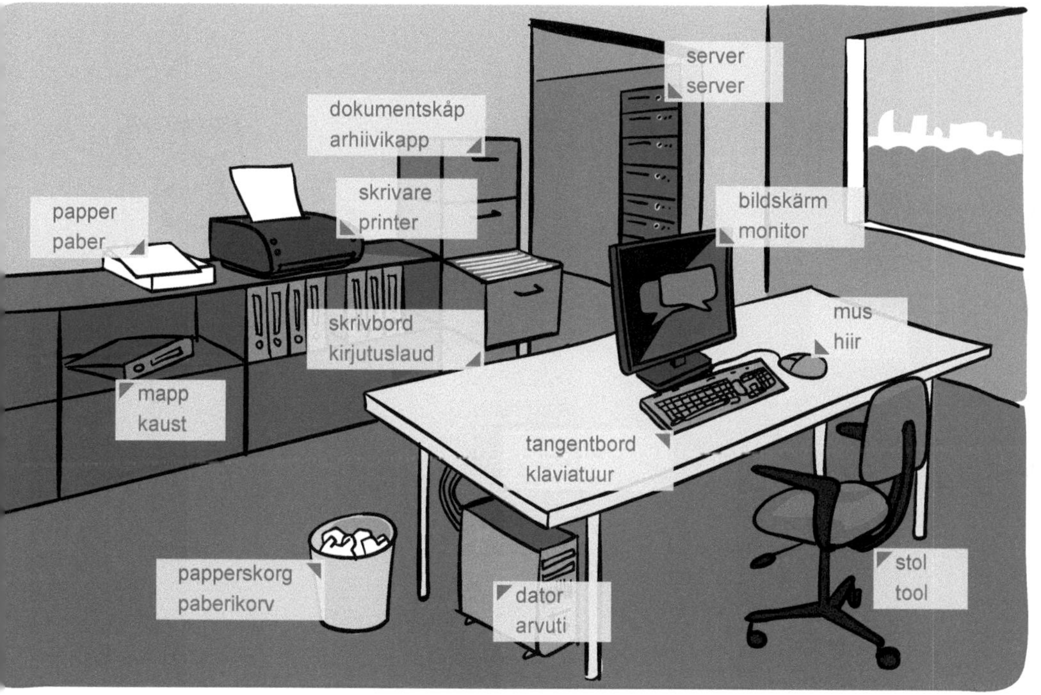

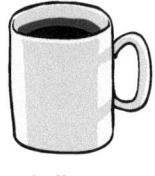

kaffemugg

kohvikruus

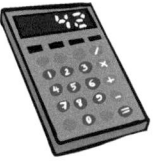

miniräknare

kalkulaator

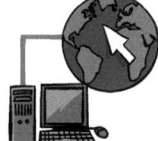

internet

internet

bärbar dator

sülearvuti

brev

kiri

meddelande

sõnum

mobiltelefon

mobiiltelefon

nätverk

võrk

kopieringsapparat

koopiamasin

programvara

tarkvara

telefon

telefon

vägguttag

pistikupesa

fax

faksimasin

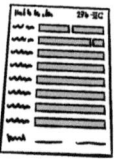

blankett

vorm

dokument

dokument

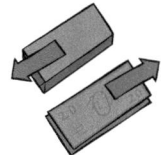

köpa

ostma

betala

maksma

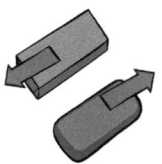

handla

vahetama

pengar

raha

dollar

dollar

euro

euro

yen

jeen

rubel

rubla

schweizisk franc

Šveitsi frank

renminbi yan

renminbi jüaan

rupie

ruupia

bankomat

sularahaautomaat

växelkontor
valuutavahetuspunkt

guld
kuld

silver
hõbe

olja
nafta

energi
energia

pris
hind

kontrakt
leping

skatt
maks

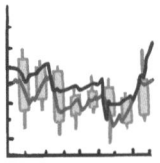

aktie
aktsia

arbeta
töötama

anställd
töötaja

arbetsgivare
tööandja

fabrik
tehas

affär
kauplus

yrken
ametid

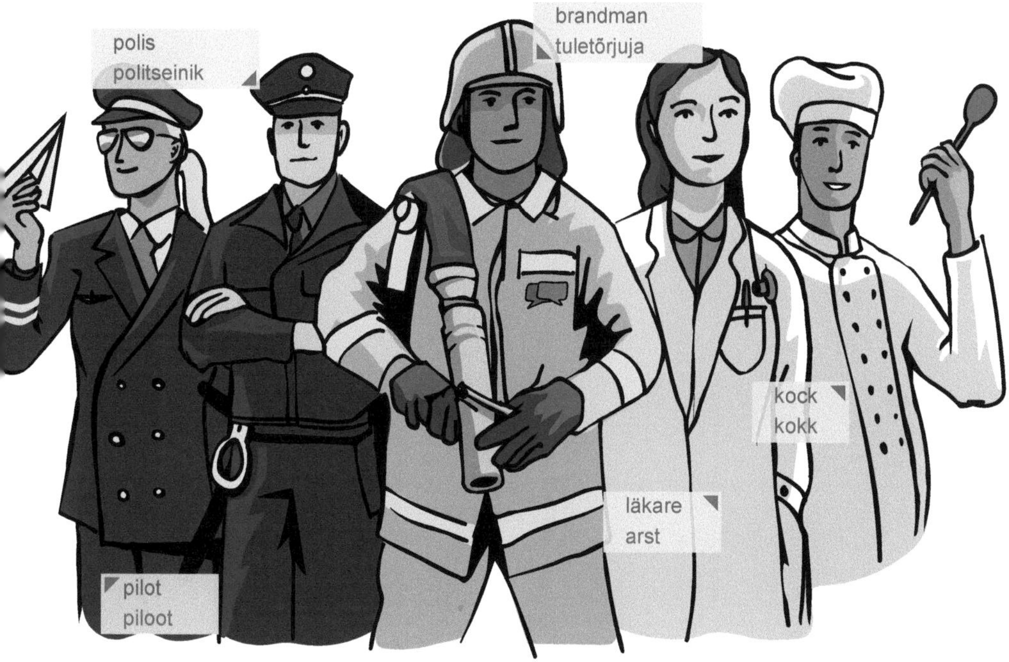

polis
politseinik
brandman
tuletõrjuja
kock
kokk
läkare
arst
pilot
piloot

trädgårdsmästare
aednik

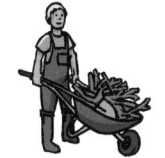

snickare
puusepp

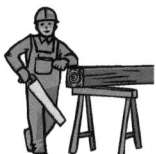

sömmerska
õmbleja

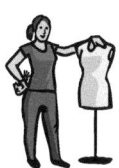

domare
kohtunik

kemist
keemik

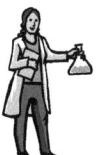

skådespelare
näitleja

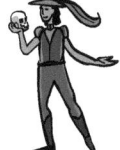

busschaufför

bussijuht

taxichaufför

taksojuht

fiskare

kalamees

städerska

koristaja

takläggare

katusepaigaldaja

servitör

kelner

jägare

jahimees

målare

maaler

bagare

pagar

elektriker

elektrik

byggarbetare

ehitaja

ingenjör

insener

slaktare

lihunik

rörmokare

torumees

brevbärare

postiljon

soldat

sõdur

arkitekt

arhitekt

kassör

kassapidaja

florist

lillemüüja

frisör

juuksur

konduktör

piletikontrolör

mekaniker

mehaanik

kapten

kapten

tandläkare

hambaarst

vetenskapsman

teadlane

rabbin

rabi

imam

imaam

munk

munk

präst

preester

verktyg
tööriistad

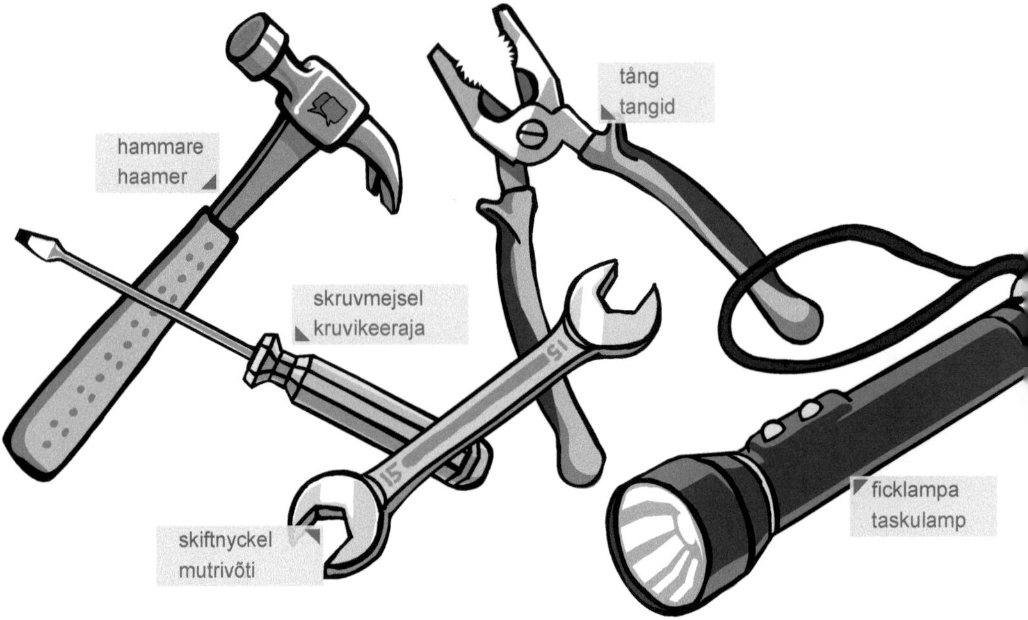

hammare
haamer
tång
tangid
skruvmejsel
kruvikeeraja
skiftnyckel
mutrivõti
ficklampa
taskulamp

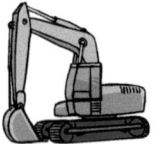

grävmaskin

ekskavaator

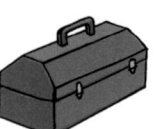

verktygslåda

tööriistakast

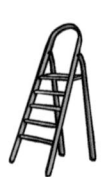

stege

redel

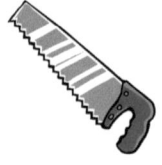

såg

saag

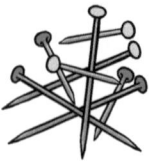

spik

naelad

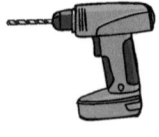

borr

trell

reparera
parandama

spade
labidas

Helvete!
Põrgusse!

sopskyffel
kühvel

färgburk
värvipott

skruvar
kruvid

musikinstrument
pillid

högtalare
kõlar

trummor
trummikomplekt

kontrabas
kontrabass

trumpet
trompet

gitarr
kitarr

piano

klaver

violin

viiul

bas

bass

timpani

timpan

trumma

trummid

keyboard

süntesaator

saxofon

saksofon

flöjt

flööt

mikrofon

mikrofon

zoo

loomaaed

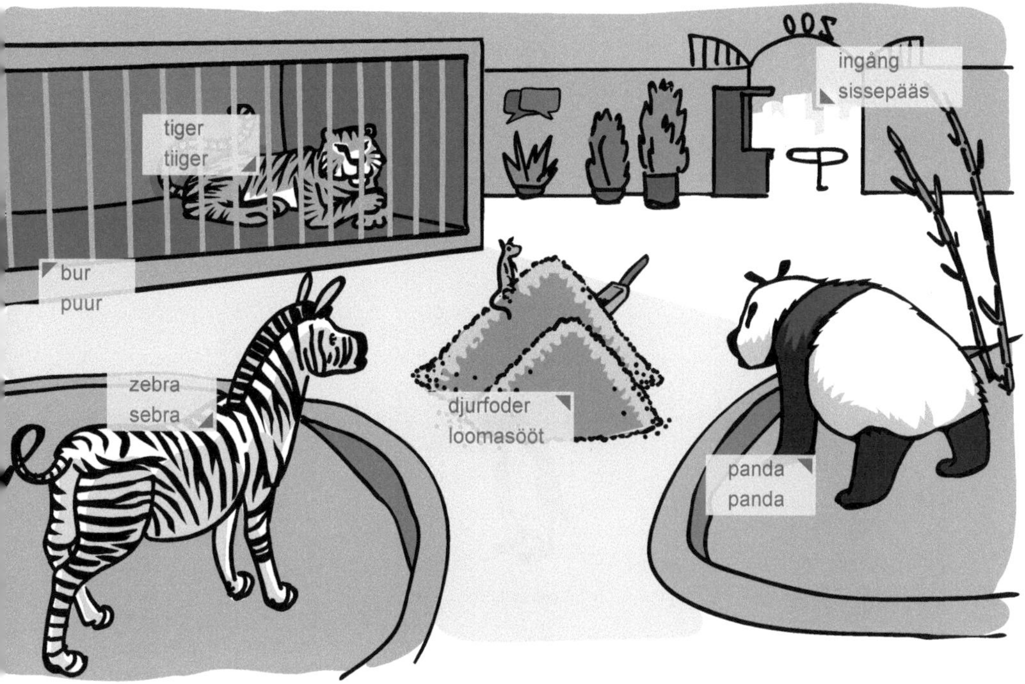
ingång
sissepääs
tiger
tiiger
bur
puur
zebra
sebra
djurfoder
loomasööt
panda
panda

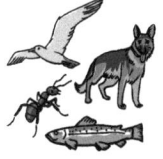

djur

loomad

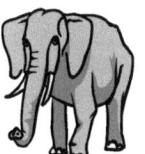

elefant

elevant

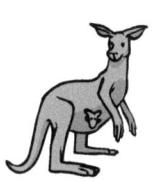

känguru

känguru

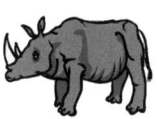

noshörning

ninasarvik

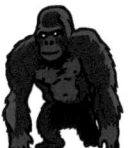

gorilla

gorilla

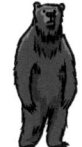

björn

karu

kamel

kaamel

struts

jaanalind

lejon

lõvi

apa

ahv

flamingo

flamingo

papegoja

papagoi

isbjörn

jääkaru

pingvin

pingviin

haj

hai

påfågel

paabulind

orm

madu

krokodil

krokodill

djurskötare

loomaaiatalitaja

säl

hüljes

jaguar

jaaguar

ponny
poni

leopard
leopard

flodhäst
jõehobu

giraff
kaelkirjak

örn
kotkas

vildsvin
metssiga

fisk
kala

sköldpadda
kilpkonn

valross
morsk

räv
rebane

gazell
gasell

amerikansk fotboll
Ameerika jalgpall

cykling
jalgrattasõit

tennis
tennis

basket
korvpall

simning
ujumine

boxning
poksimine

ishockey
jäähoki

| fotboll | badminton | friidrott |
| jalgpall | sulgpall | kergejõustik |

| handboll | skidåkning | polo |
| käsipall | suusatamine | polo |

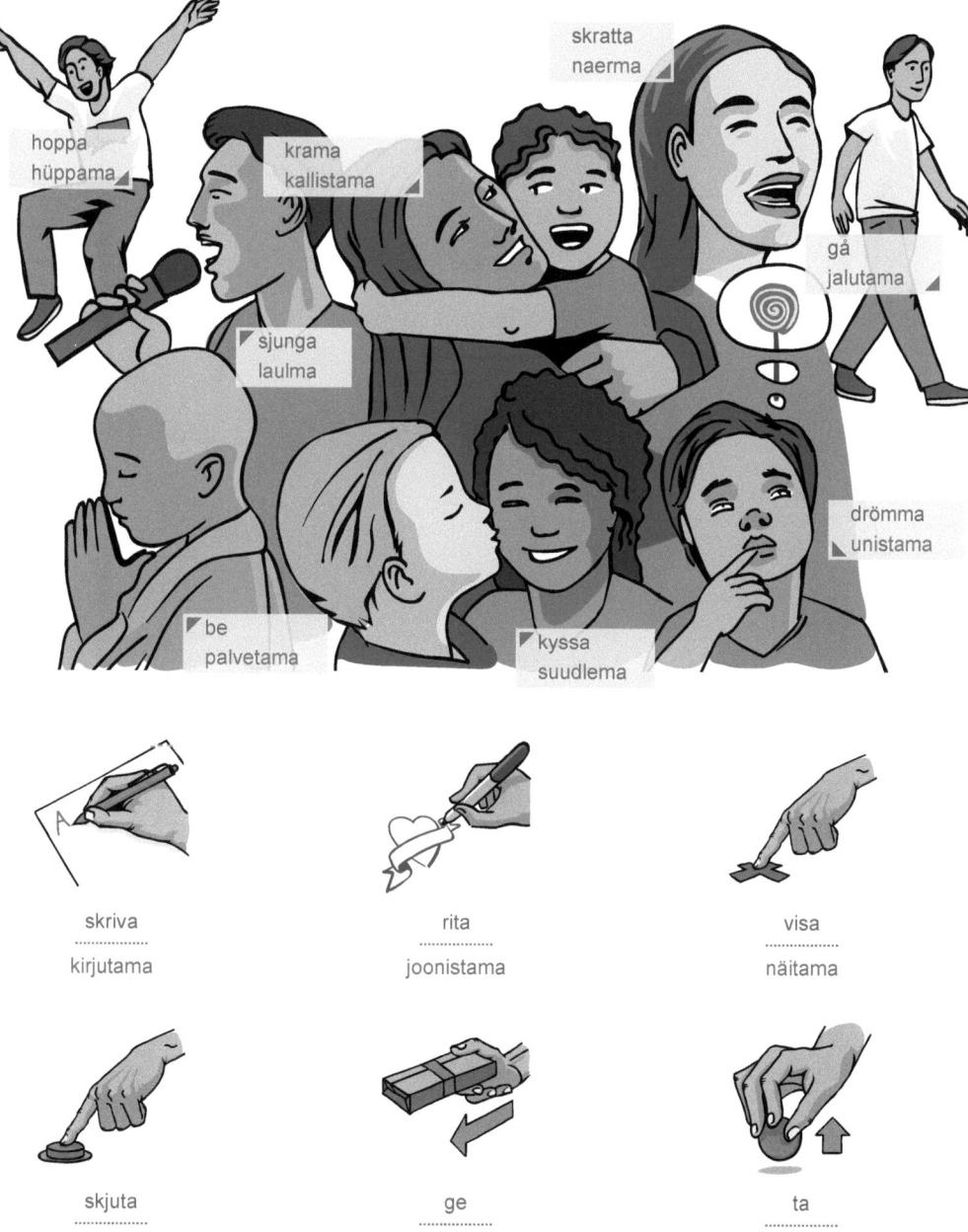

skratta
naerma

hoppa
hüppama

krama
kallistama

gå
jalutama

sjunga
laulma

drömma
unistama

be
palvetama

kyssa
suudlema

skriva
kirjutama

rita
joonistama

visa
näitama

skjuta
lükkama

ge
andma

ta
võtma

hagel
omama

göra
tegema

vara
olema

stå
seisma

springa
jooksma

dra
tõmbama

kasta
viskama

falla
kukkuma

ligga
lamama

vänta
ootama

bära
kandma

sitta
istuma

klä på
riidesse panema

sova
magama

vakna
ärkama

se på
....
vaatama

gråta
....
nutma

smeka
....
paitama

kamma
....
kammima

prata
....
rääkima

förstå
....
aru saama

fråga
....
küsima

höra
....
kuulama

dricka
....
jooma

äta
....
sööma

städa
....
korrastama

älska
....
armastama

laga mat
....
süüa tegema

köra
....
sõitma

flyga
....
lendama

segla

purjetama

räkna

arvutama

läsa

lugema

lära sig

õppima

arbeta

töötama

gifta sig

abielluma

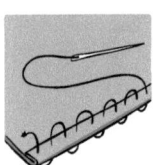

sy

õmblema

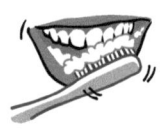

borsta tänderna

hambaid pesema

döda

tapma

röka

suitsetama

skicka

saatma

familj
perekond

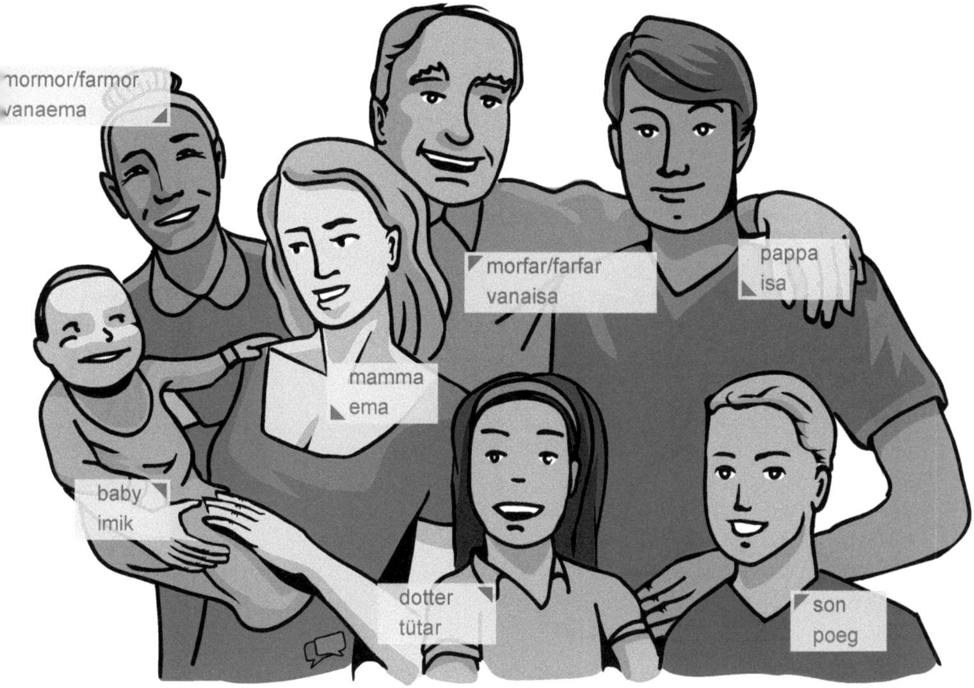
ormor/farmor
anaema
morfar/farfar
vanaisa
pappa
isa
mamma
ema
baby
imik
dotter
tütar
son
poeg

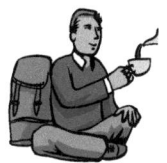

gäst

külaline

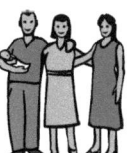

moster/faster

tädi

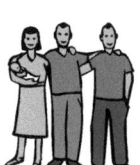

farbror/morbror

onu

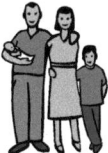

bror

vend

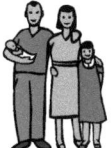

syster

õde

kropp

keha

panna
otsmik
öga
silm
skuldra
õlg
finger
sõrm
ansikte
nägu
haka
lõug
hand
käsi
ben
jalg
bröst
rind
arm
käsivars

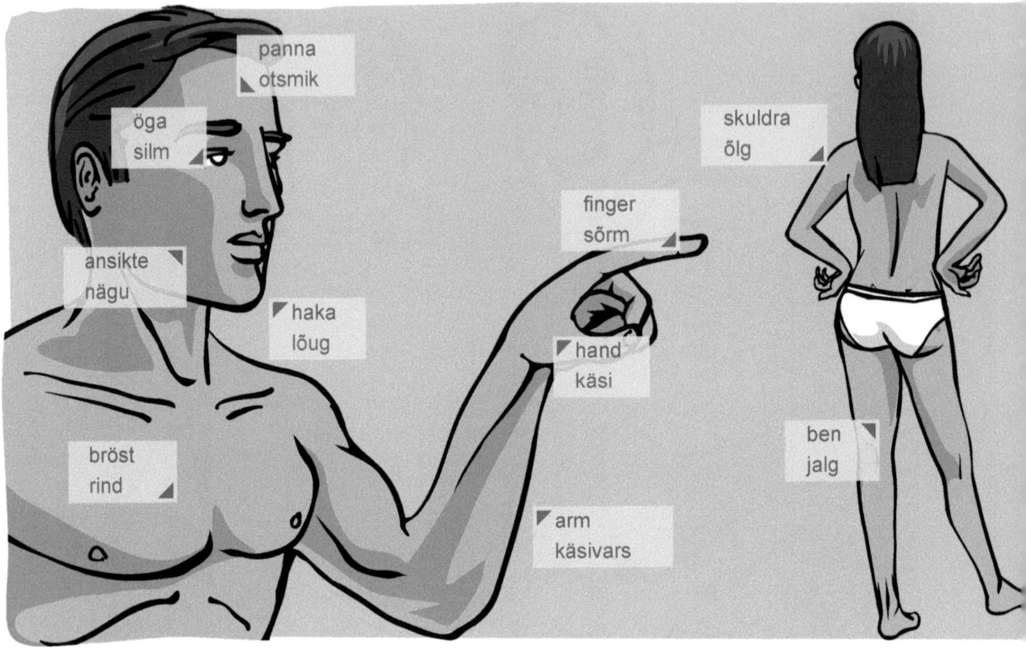

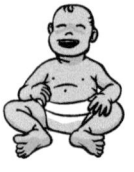

baby
imik

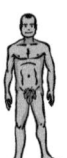

man
mees

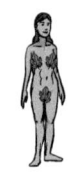

kvinna
naine

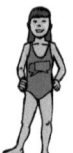

flicka
tüdruk

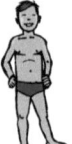

pojke
poiss

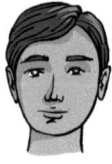

huvud
pea

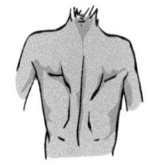

rygg
selg

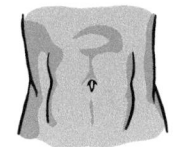

mage
kõht

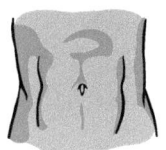

navel
naba

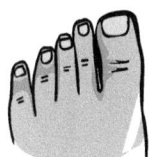

tå
varvas

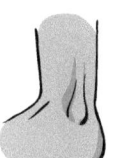

häl
kand

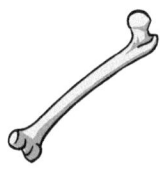

ben
luu

höft
puus

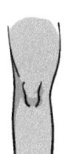

knä
põlv

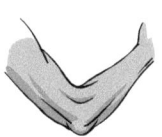

armbåge
küünarnukk

näsa
nina

stjärt
tagumik

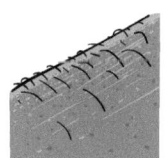

hud
nahk

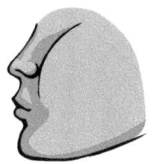

kind
põsk

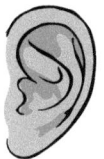

öra
kõrv

läpp
huuled

mun

suu

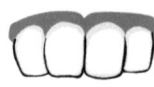

tand

hammas

tunga

keel

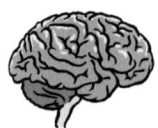

hjärna

aju

hjärta

süda

muskel

lihas

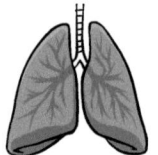

lunga

kops

lever

maks

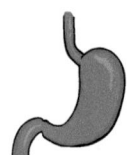

magsäck

magu

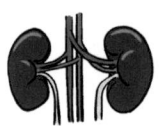

njurar

neerud

sex

seksuaalvahekord

kondom

kondoom

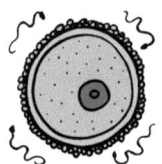

äggcell

munarakk

sperma

sperma

graviditet

rasedus

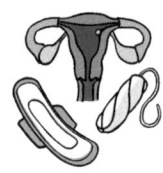

menstruation

menstruatsioon

vagina

vagiina

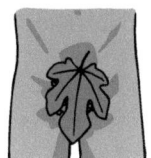

penis

peenis

ögonbryn

kulm

hår

juuksed

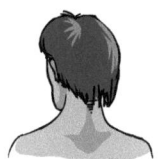

nacke

kael

sjukhus
haigla

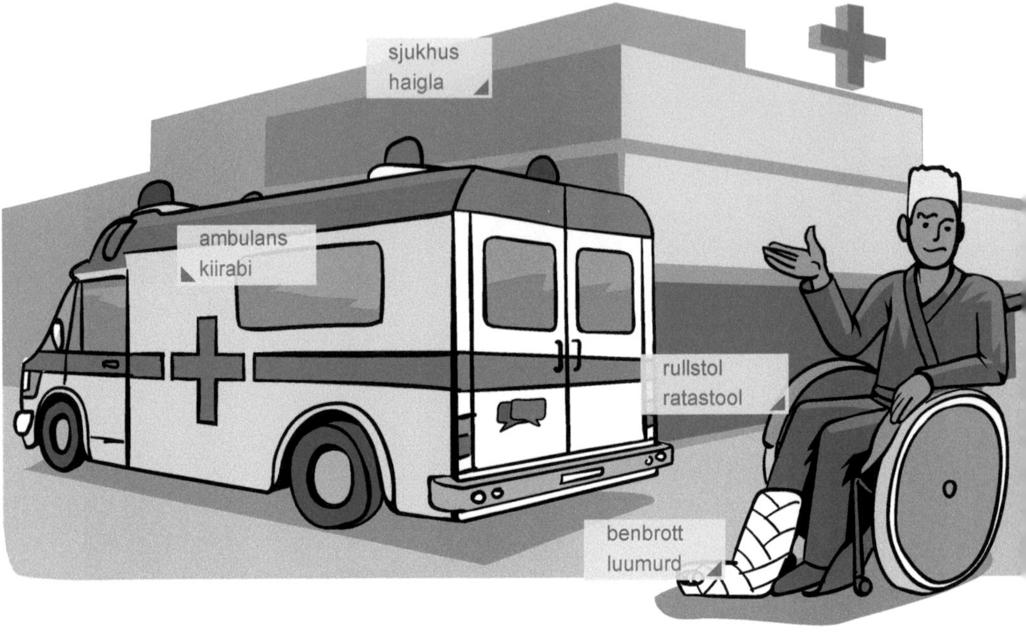

sjukhus
haigla
ambulans
kiirabi
rullstol
ratastool
benbrott
luumurd

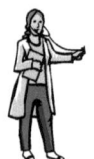

läkare

arst

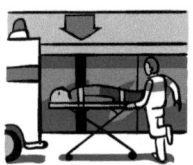

akutmottagning

traumapunkt

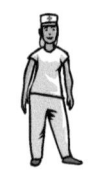

sjuksköterska

meditsiiniõde

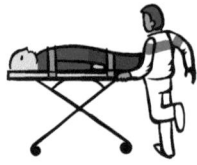

nödsituation

hädaolukord

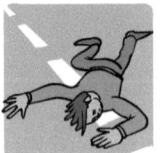

medvetslös

teadvuseta

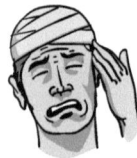

smärta

valu

skada
vigastus

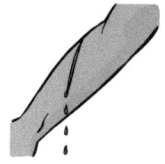

blödning
verejooks

hjärtattack
südamerabandus

slaganfall
insult

allergi
allergia

hosta
köha

feber
palavik

influensa
gripp

diarré
kõhulahtisus

huvudvärk
peavalu

cancer
vähk

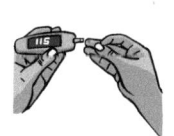

diabetes
diabeet

kirurg
kirurg

skalpell
skalpell

operation
operatsioon

CT

KT

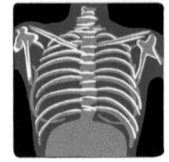

röntgen

röntgen

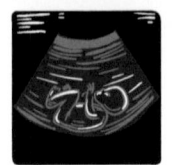

ultraljud

ultraheli

ansiktsmask

mask

sjukdom

haigus

väntsal

ooteruum

krycka

kark

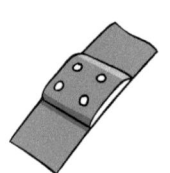

plåster

kips

bandage

side

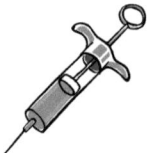

injektion

süst

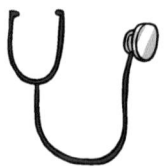

stetoskop

stetoskoop

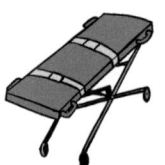

bår

kanderaam

termometer

kraadiklaas

födsel

sünd

övervikt

ülekaaluline

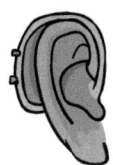

hörapparat

kuuldeaparaat

desinfektionsmedel

desinfektsioonivahend

infektion

põletik

virus

viirus

HIV / AIDS

HIV / AIDS

medicin

meditsiin

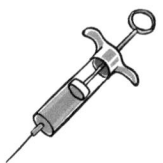

vaccination

vaktsineerimine

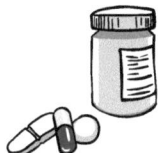

tabletter

tabletid

p-piller

pill

nödsamtal

hädaabikõne

blodtrycksmätare

vererõhuaparaat

sjuk / frisk

haige / terve

Hjälp!

Appi!

alarm

häire

överfall

kallaletung

misshandel

rünnak

fara

oht

nödutgång

avariiväljapääs

Det brinner!

Tulekahju!

brandsläckare

tulekustuti

olycka

õnnetus

förbandslåda

esmaabikomplekt

SOS

SOS

polis

politsei

Europa

Euroopa

Nordamerika

Põhja-Ameerika

Sydamerika

Lõuna-Ameerika

Afrika

Aafrika

Asien

Aasia

Australien

Austraalia

Atlanten

Atlandi ookean

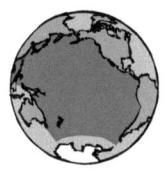

Stilla Havet

Vaikne ookean

Indiska Oceanen

India ookean

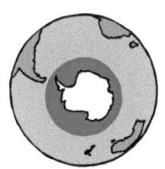

Antarktiska Oceanen

Lõuna-Jäämeri

Arktiska Oceanen

Põhja-Jäämeri

Nordpol

põhjapoolus

Sydpol

lõunapoolus

Antarktis

Antarktika

Jorden

Maa

land

maismaa

hav

meri

ö

saar

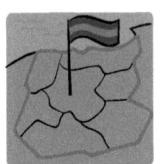

nation

rahvus

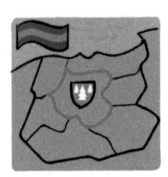

stat

riik

urtavla

sihverplaat

timvisare

tunniosuti

minutvisare

minutiosuti

sekundvisare

sekundiosuti

Vad är klockan?

Mis kell on?

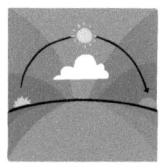

dag

päev

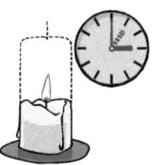

tid

aeg

nu

praegu

digital klocka

digitaalne kell

minut

minut

timme

tund

vecka
nädal

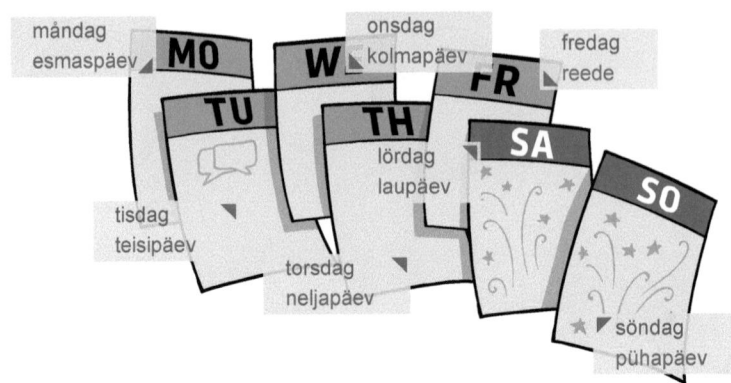

måndag
esmaspäev
MO

onsdag
kolmapäev
W

fredag
reede
FR

TU

TH

lördag
laupäev
SA

tisdag
teisipäev

torsdag
neljapäev

SO

söndag
pühapäev

igår
....
eile

idag
....
täna

imorgon
....
homme

morgon
....
hommik

middag
....
lõuna

kväll
....
õhtu

vardagar
....
tööpäevad

helg
....
nädalavahetus

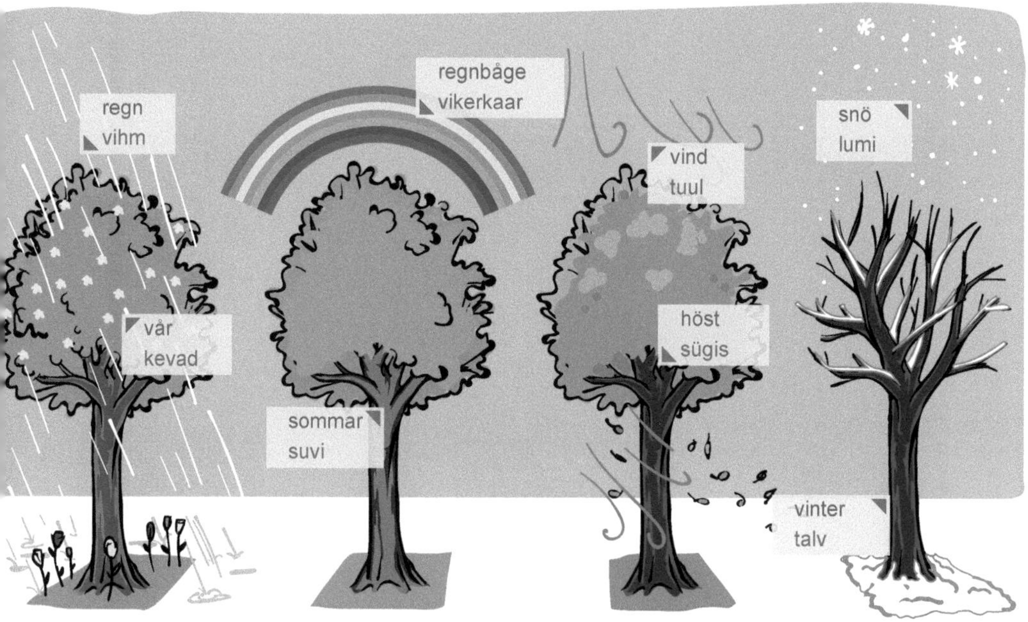

regn
vihm

regnbåge
vikerkaar

snö
lumi

vind
tuul

vår
kevad

höst
sügis

sommar
suvi

vinter
talv

4.APRIL	11°	☀
5.APRIL	4°	
6.APRIL	13°	
7.APRIL	8°	☀
8.APRIL	10°	☀

väderprognos
....
ilmaennustus

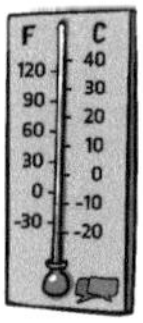

termometer
....
termomeeter

solsken
....
päikesepaiste

moln
....
pilv

dimma
....
udu

luftfuktighet
....
niiskus

blixt

pikne

åska

kõu

storm

torm

hagel

rahe

monsun

mussoon

översvämning

üleujutus

is

jää

januari

jaanuar

februari

veebruar

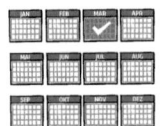

mars

märts

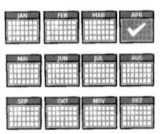

april

aprill

maj

mai

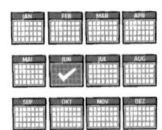

juni

juuni

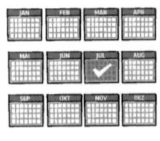

juli

juuli

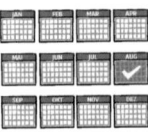

augusti

august

år - aasta

september
september

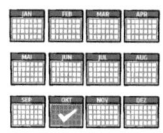

oktober
oktoober

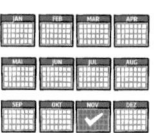

november
november

december
detsember

former
kujundid

cirkel
ring

kvadrat
ruut

rektangel
nelinurk

triangel
kolmnurk

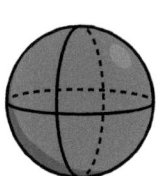

sfär
kera

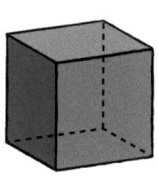

kub
kuup

vit
valge

gul
kollane

orange
oranž

rosa
roosa

röd
punane

lila
lilla

blå
sinine

grön
roheline

brun
pruun

grå
hall

svart
must

mycket / lite
....
palju / vähe

arg / lugn
....
vihane / rahulik

vacker / ful
....
ilus / inetu

början / slut
....
algus / lõpp

stor / liten
....
suur / väike

ljus / mörk
....
hele / tume

bror / syster
....
vend / õde

ren / smutsig
....
puhas / must

komplctt / ofullständig
....
täielik / puudulik

dag / natt
....
päev / öö

död / levande
....
surnud / elus

bred / smal
....
lai / kitsas

ätlig / oätlig

söödav / mittesöödav

ond / god

kuri / sõbralik

upphetsad / uttråkad

põnevil / tüdinud

tjock / smal

paks / peenike

först / sist

esimene / viimane

vän / fiende

sõber / vaenlane

full / tom

täis / tühi

hård / mjuk

kõva / pehme

tung / lätt

raske / kerge

hunger / törst

nälg / janu

sjuk / frisk

haige / terve

olaglig / laglig

ebaseaduslik / seaduslik

intelligent / dum

tark / rumal

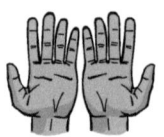

vänster / höger

vasak / parem

nära / långt bort

lähedal / kaugel

ny / begagnad

uus / kasutatud

inget / något

mitte midagi / midagi

gammal / ung

vana / noor

på / av

sees / väljas

öppen / stängd

lahti / kinni

tyst / högljudd

vaikne / vali

rik / fattig

rikas / vaene

rätt / fel

õige / vale

grov / slät

kare / sile

ledsen / glad

kurb / rõõmus

kort / lång

lühike / pikk

långsam / snabb

aeglane / kiire

våt / torr

märg / kuiv

varm / sval

soe / jahe

krig / fred

sõda / rahu

0	**1**	**2**
noll	ett	två
null	üks	kaks

3	**4**	**5**
tre	fyra	fem
kolm	neli	viis

6	**7**	**8**
sex	sju	åtta
kuus	seitse	kaheksa

9	**10**	**11**
nio	tio	elva
üheksa	kümme	üksteist

12

tolv

kaksteist

13

tretton

kolmteist

14

fjorton

neliteist

15

femton

viisteist

16

sexton

kuusteist

17

sjutton

seitseteist

18

arton

kaheksateist

19

nitton

üheksateist

20

tjugo

kakskümmend

100

hundra

sada

1.000

tusen

tuhat

1.000.000

miljon

miljon

engelska

inglise

amerikansk engelska

Ameerika inglise

kinesisk mandarin

mandariini

hindi

hindi

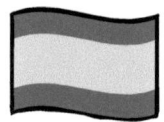

spanska

hispaania

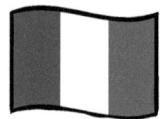

franska

prantsuse

arabiska

araabia

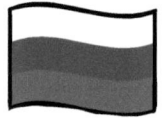

ryska

vene

portugisiska

portugali

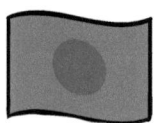

bengali

bengali

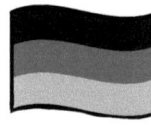

tyska

saksa

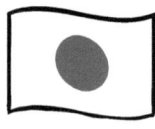

japanska

jaapani

jag

mina

du

sina

han / hon / den (det)

tema

vi

meie

ni

teie

de

nemad

vem?

kes?

vad?

mis?

hur?

kuidas?

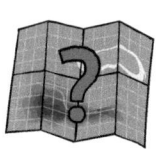

var?

kus?

när?

millal?

namn

nimi

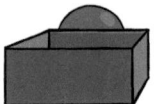

bakom

taga

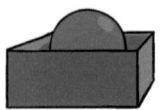

i

sees

framför

ees

över

kohal

på

peal

under

all

bredvid

kõrval

mellan

vahel

plats

koht